LA RÉPUBLIQUE

ET

LE PARLEMENTARISME

> D'après notre Constitution, il est impossible qu'une crise ministérielle ne devienne pas à l'instant même une question beaucoup plus grave, un conflit de pouvoir.
>
> BASTIAT, *Moniteur* de 1849, p. 813.

(EXTRAIT DE LA *REVUE DE FRANCE*)

PARIS

IMPRIMERIE TYPOGRAPHIQUE DE A. POUGIN

13, QUAI VOLTAIRE, 13

1878

LA RÉPUBLIQUE

ET

LE PARLEMENTARISME

> D'après notre Constitution, il est impossible qu'une crise ministérielle ne devienne pas à l'instant même une question beaucoup plus grave, un conflit de pouvoir.
>
> Bastiat, *Moniteur* de 1849, p. 813.

(Extrait de la *REVUE DE FRANCE*)

PARIS

IMPRIMERIE TYPOGRAPHIQUE DE A. POUGIN

13, QUAI VOLTAIRE, 13

1878

LA RÉPUBLIQUE

ET LE PARLEMENTARISME

I. Le parlementarisme supprimé aux États-Unis. — II. Dépourvu d'une partie de ses motifs dans une république. — III. Sujet à des inconvénients dans une république.

I

Le parlementarisme est cette institution ou ce *rapport constitutionnel* en vertu duquel les ministères sont constitués et défaits par les votes des Chambres législatives. Il a pris naissance dans les monarchies à la suite du système représentatif. On sait avec quelles fortunes différentes il a vécu ou vit encore dans les royautés constitutionnelles de l'Europe.

Mais si l'on passe l'Atlantique et qu'on étudie cette grande République sur laquelle se modèlent plus ou moins les essais républicains dans le reste du monde, celle qui a transmis aux autres constitutions de ce genre le type de ses principales institutions, on est frappé de voir que non-seulement le parlementarisme n'y existe pas, mais qu'il a été intentionnellement supprimé par diverses combinaisons qui lui barrent en quelque sorte le passage.

Comment les Américains en sont-ils venus à ce résultat d'autant plus surprenant qu'ils étaient d'anciens sujets de la monarchie parlementaire, et qu'ils ont dû, dans cette partie de leur constitution, se séparer de la mère patrie, dont ils gardaient la langue et les principaux usages?

Ce rouage de la monarchie constitutionnelle leur a paru ne plus convenir à une vie représentative plus développée; alors qu'ils rendaient le chef de l'État électif ainsi que la haute Chambre, ils ont précisément pensé que le parlementarisme ne convenait plus à l'ordre de choses nouveau dont ils apportaient le modèle au monde moderne.

Les idées qui les ont conduits à ce résultat paraissent transparentes pour ceux qui étudient les sources de la constitution washingtonienne.

Les Américains avaient fort médité les principes de Montesquieu sur la séparation des pouvoirs considérée comme garantie de la liberté. Ils avaient bien vu que, par le mécanisme parlementaire, le pouvoir législatif conquérait un ascendant très-grand, un pouvoir d'absorption sur l'exécutif, considéré dans sa partie la plus active, le *ministère*.

Mais, à cette réflexion, ils en ont ajouté une seconde, souvent répétée dans les écrits des constituants américains, et qui repose sur une appréciation juste et profonde des rapports des pouvoirs dans une république.

Ils ont pensé que, dans cette forme de gouvernement, alors que tout contre-poids tiré du pouvoir exécutif héréditaire disparaissait, le pouvoir législatif, dans sa branche populaire, était celui qui avait le plus de chances d'accroissement et de prépondérance excessive [1].

S'il en était ainsi par suite du nombre des représentants et de leurs rapports avec la population, qu'était, aux yeux des constituants américains, le parlementarisme, sinon un surcroît additionnel de force à l'élément déjà prépondérant, un encouragement aux tentatives d'empiétement du corps le plus à même d'envahir la sphère des autres?

---

1. Voy. le *Fédéraliste*, traduction française, t. II, p. 151 et 162 notamment. Jefferson lui-même est très-expressif dans ce sens: « La tyrannie des législateurs, écrivait-il à Madisson le 15 mars 1789, est actuellement, elle sera pendant bien des années encore le danger le plus redoutable. » Et John Adams, dans sa *Défense des Constitutions américaines*, traduction française, t. ii, p. 417, n'est ni plus ni moins affirmatif dans ce sens: « Ce pouvoir (l'exécutif) étant pour le peuple un objet de défiance et de jalousie, l'Assemblée législative, qui a plus de moyens de se rendre populaire, pourra toujours miner son autorité et le rendre odieux ou au moins suspect. »

Il est permis d'induire, en outre, de l'étude de leurs idées, que la défiance dans laquelle ils tenaient des assemblées trop populaires dans leur composition pour qu'on pût leur confier la haute administration et les éléments supérieurs de la vie centrale, est venue s'ajouter aux raisons précédentes pour les décider en faveur du système qu'ils ont choisi et qui repose sur l'indépendance absolue du président de la République par rapport au choix de ses ministres. Non-seulement le président, aux États-Unis, ne se préoccupe pas, dans ce choix, de la désignation indirecte ou de la confiance probable de la Chambre des représentants, mais il ne peut prendre ses ministres que parmi les hommes qui, étrangers au Parlement, sont par cela même détachés de tout lien avec les partis qui s'y agitent.

Tel est le système sous lequel la république américaine fonctionne depuis près d'un siècle.

Ce contraste entre la vie républicaine de l'Amérique et les difficultés auxquelles nous nous heurtons, en cherchant à concilier le parlementarisme avec la République, est fait pour frapper tous les esprits sérieux et pour les porter à analyser la situation, en se rendant compte des conditions si différentes où se trouvent placées sous le rapport qui nous occupe, une monarchie et une république. Dans un pays où les idées constitutionnelles sont encore peu étudiées, cette étude peut avoir son utilité [1].

II

Ce qu'a fait la République américaine de Washington, sous le rapport qui nous occupe, est-il un phénomène dominé par des raisons locales, comme la faiblesse du lien fédéral, et n'y a-t-il rien dans cette organisation de l'exécutif qui se rattache à la constitution républicaine elle-même ?

Il nous est impossible de fermer les yeux sur cet aperçu que le parlementarisme est tout à fait en rapport avec les constitutions monarchiques, et qu'en le supprimant dans leur république, les Américains ont obéi aux lois de certaine logique.

---

1. Nous devons citer une étude sur le sujet que nous traitons, dans le *Contemporain* du 1er novembre 1877, par M. de Berhardt, et une autre du duc d'Ayen dans le *Correspondant* du 10 février dernier.

La République américaine avait surtout sous ses yeux la constitution monarchique de la mère patrie divisant le pouvoir exécutif en deux éléments distincts.

Le principe héréditaire et permanent représenté par la royauté planant avec une demi-indifférence sur les mouvements de l'opinion publique qui ne saurait l'atteindre.

Le principe mobile, représenté par le ministère assujetti aux fluctuations de l'opinion et se modifiant suivant les votes du Parlement dans les diverses phases de la vie politique du pays.

L'origine et la destination absolument différentes de ces deux éléments n'établit entre eux, dans une monarchie stable, aucune solidarité et repousse toute alliance trop intime.

Le premier sort de l'hérédité et y aboutit ; le second naît des luttes pour l'obtention du pouvoir dans le Parlement et devant l'opinion publique. Le premier est inamovible et inviolable, parce qu'il est en grande partie inerte et peu actif ; le second est temporaire et assujetti aux mobilités des circonstances, des besoins politiques et de l'opinion.

Ce système a sa logique et sa parfaite raison d'être dans les pays où, comme en Angleterre, la royauté est hors de discussion et jouit en réalité de sa stabilité et de sa permanence théoriques.

Il a été moins aisément appliqué dans les pays où la monarchie a été soumise à des crises révolutionnaires et où elle s'est dès lors efforcée de rallier étroitement à elle le pouvoir ministériel, sans le laisser flotter absolument au gré des Assemblées.

La situation de l'Amérique (comme la situation actuelle de la France dans sa constitution nouvelle) posait une question grave qu'il y aurait eu faiblesse à laisser dans l'ombre et que les Américains ne pouvaient méconnaître.

Si le chef du pouvoir est électif, si la monarchie fait place à la république, les rapports entre le chef de l'État et les ministres, le lien qui les réunit, la dépendance étroite du ministère à l'égard du Parlement, ce que nous appelons le parlementarisme, restent-ils possibles comme dans la constitution britannique et au même degré ? On est tout d'abord frappé de ce fait que, dans une constitution républicaine, les deux éléments du pouvoir, si complétement séparés dans la monarchie parlementaire, tendent au contraire à se rapprocher étroitement sous tous les rapports.

Le président de la république ne doit rien à sa naissance, mais tout à ses services, à l'idée politique qu'il représente, à la confiance de la nation qui l'a élu directement ou par ses représentants...

Il n'est pas permanent, mais fonctionnaire et magistrat à temps.

Peut-il rester dans cette indifférence relative ou complète qui est assignée au souverain parlementaire?

Où est sa raison d'être s'il ne devait que *régner*, et où serait aussi la raison de la temporanéité de son mandat s'il avait droit à un empire oisif, et infaillible par son inaction même?

Non. Le président d'une république a une responsabilité, non-seulement pénale, ce qui le distingue des souverains, mais aussi morale et susceptible de sanction s'il s'expose à une réélection. Il est le représentant d'une idée, d'un mouvement d'opinion, d'une politique qui l'oblige et que le pays a ratifiée en l'élisant.

Comme représentant électif du pays, il devient le participant du privilége que les monarchies réservent aux Assemblées électives, celui de représenter le pays non dans sa continuité, mais dans son renouvellement et son actualité. La communauté d'origine élective et temporaire fait son indépendance à l'égard des Assemblées, non pour violer la constitution, mais pour la protéger en tout ce qu'elle permet à son pouvoir séparé.

On comprend ainsi comment les Américains ont été conduits à conférer au président de leur République, quant au choix de ses ministres, un pouvoir plus indépendant que celui d'un souverain.

L'Amérique semble ainsi avoir remplacé la maxime que le roi règne et ne gouverne pas (si toutefois elle était nettement formulée dans leurs souvenirs anglais), par cette autre maxime que le président gouverne temporairement et ne règne pas.

Peut-être y a-t-il lieu de sourire de nos inquiétudes actuelles sur le *pouvoir personnel* en voyant que ce fantôme, lorsqu'il est entouré d'hérédité, peut avoir à ce titre quelque chose d'inquiétant, mais qu'il l'est beaucoup moins quand les présidents de la République américaine apportent aux affaires, dans un mandat fort court, les éléments de conscience et de volonté personnelle sans lesquels un dépositaire du pouvoir ne serait, dans l'ordre moral, qu'un personnage impuissant et inutile, investi d'une dignité de parade.

Il nous semble donc que si l'Amérique a quitté les traditions parlementaires, c'est que ces traditions, qui ont leur raison d'être dans la monarchie héréditaire constitutionnelle où elles fonctionnent comme un correctif, n'ont plus de raison d'être dans une république démocratique où elles n'ont presque plus rien à corriger.

Il ne faut pas s'étonner dès lors qu'il n'ait jamais été très-sérieusement question de les y introduire, ou si l'idée a pris place dans quelques esprits récemment, du moins a-t-elle été peu soutenue et combattue d'autre part avec une grande vigueur.

Nous avons lu naguère, dans une Revue publiée à Boston, une démonstration énergique des difficultés qui repoussent le parlementarisme du mécanisme des pouvoirs aux États-Unis.

« Il est aisé de voir, dit la *Revue de l'Amérique du Nord*, l'avantage que des ministres expliquent et défendent, dans les deux Chambres, les mesures du gouvernement; mais sommes-nous préparés aux conséquences ? Voulons-nous que ces ministres, choisis par le Président posent l'initiative et la formule de certaines mesures dans le Congrès? Entendrons-nous qu'ils doivent se retirer s'ils sont en minorité et que le Président doit choisir un nouveau cabinet en harmonie avec la majorité du Congrès? Si nous le faisons, que devient la prérogative présidentielle ? La personne choisie par le peuple pour administrer un département exécutif indépendant avec un pouvoir de *veto* sur les actes du Congrès, ne deviendrait-elle pas un simple nom et une simple forme, le *leader* du Cabinet devenant le principal personnage devant le peuple, le Président suivant son avis comme la Reine suit celui de son ministre, et le Congrès, par son influence sur le ministère, devenant le maître de l'administration comme de la législation? »

L'écrivain compare le Parlement anglais comprenant toutes les forces vives, la richesse et l'expérience du pays avec les Chambres américaines formées sous un système de *dispersion, de rotation et de distribution*, comptant principalement des notabilités locales et qui ne lui paraissent pas devoir être investies d'un plus grand pouvoir qu'elles n'en possèdent. « La mesure proposée échouera, dit-il, ou elle donnera au Congrès une grande part du pouvoir, l'office présidentiel sera privé de sa force, l'indépendance de la bureaucratie exécutive entamée sérieusement et sa grande fonction perdue. » Mais l'idée paraît n'avoir fait aucun progrès depuis cette discussion vigoureuse.

Si telle est, à l'heure actuelle, la pensée américaine, elle n'est au

____

1. *North-American-Review* de 1877, p. 21.

reste que la continuation de manifestations plus anciennes que nous constatons sous la plume des auteurs de la Constitution, et elle se pose en antithèse absolue contre l'ascendant que nous donnons à nos assemblées législatives.

Dès l'origine de la République, un des plus éminents ministres de Washington, sur la tombe duquel une épitaphe laconique rappelle son mérite de *soldat,* d'*orateur* et d'*écrivain*, Alexandre Hamilton, a posé avec fermeté, dans un de ses écrits, les droits du pouvoir exécutif.

« Lors même, écrit-il, que nous serions disposés à insister sur la nécessité, pour le pouvoir exécutif, de se plier aux désirs du peuple, nous ne saurions décemment réclamer de lui une complaisance semblable à l'endroit des caprices de la législation. Celle-ci peut parfois faire de l'antagonisme à celui-là; parfois aussi, il se peut que le peuple soit entièrement maître. Dans les deux hypothèses, il est assurément désirable que le pouvoir exécutif soit dans une situation qui lui permette d'agir d'après ses propres opinions, avec vigueur et décision. [1] »

Le grand rival d'Hamilton, Jefferson, ne paraissait pas penser différemment sur les rapports du président de la République américaine avec ses ministres. Lorsqu'il fut appelé à être le ministre de l'illustre Washington, il s'exprimait avec lui dans des termes de déférence personnelle qui n'avaient rien du ministre parlementaire. Plus tard, président lui-même, il rappelait aux chefs des départements ministériels les mesures de l'administration de Washington, qui *prenait à la gestion des affaires la part dont sa charge lui faisait une obligation et encourait la juste responsabilité de toutes les mesures* [2].

On a signalé, dans la presse étrangère, il y a quelque temps, un travail dont l'auteur a invoqué avec force la tradition américaine à l'appui de l'appel fait à la France par le Maréchal de Mac-Mahon en 1876. « Concevrait-on, disait M. Cashel Hoey, que le président Lincoln eût consenti, même pour empêcher la guerre de Sécession, à accepter un ministère qui eût été agréable à M. Jefferson Davis ou même à M. Douglas? Un tel acte eût infailliblement abouti

---

1. *Français* du 8 août 1877.
2. *Mélanges politiques et philosophiques de Jefferson*, t. 1er, p. 379 et t. 2, p. 43. Jefferson allait quelquefois plus loin et se plaignait de la loquacité trop grande comme du nombre des Assemblées délibérantes. *Ibid.*, t. Ier, p. 219.

à la démoralisation et au démembrement de la République américaine. Ce qui, dans une république, remplace la loyale fidélité des
sujets, c'est la confiance, chez le peuple, que le haut fonctionnaire
qui représente sa souveraineté, possède du moins le courage de ses
opinions. Celui-ci n'est pas placé à la tête d'une grande nation pour
la gouverner d'après les idées de ceux que, dans le fond de sa conscience, il regarde comme ses pires ennemis[1]. »

Dans une autre feuille[2], un citoyen des États-Unis a protesté aussi
contre la prétendue neutralité des présidents américains, et il a rap-
pelé que l'élection d'un nouveau président était le signe d'un renouvellement général du personnel administratif, depuis les ministres
jusqu'aux plus humbles employés. « La neutralité du président, dit-
il, n'est ni dans la Constitution fédérale, ni dans l'esprit des institutions républicaines, ni dans les mœurs américaines, ni dans l'his-
toire. »

S'inquiète-t-on de la confiance du Parlement et des affections de
la Chambre des représentants pour les ministres en fonctions? Nul-
lement, parce que le principe administratif et le principe législatif
restent séparés, et aussi parce que l'élection d'un nouveau président
est une sorte de manifestation de la volonté nationale. Ce qui fait, en
effet, la différence des républiques et des monarchies, c'est que, dans
celles-ci, l'élection des députés est le seul mode de manifestation de la
volonté nationale. Dans celles-là, l'élection présidentielle est aussi
une manifestation de cette même volonté et la constitution, en quelque sorte, d'un pouvoir investi, jusqu'à l'expiration de son mandat,
du droit de parler au nom de la nation.

III

Si rien n'est plus clair que la tradition washingtonienne repoussant
le parlementarisme et bannissant l'inertie du pouvoir présidentiel du
mécanisme des pouvoirs nationaux, il nous reste à mesurer jusqu'à
quel point le parlementarisme introduit dans le jeu d'un organisme
républicain peut y être praticable sans danger.

Nous rencontrerons peut-être ici des allusions forcées à une

1. *Français*, n° précité.
2. *Moniteur universel* du 1er septembre 1877.

situation récente. Nous ne les déclinerons pas, car le penseur politique doit chercher à s'éclairer à la fois des inductions de la théorie e: des faits qui l'entourent et qui parfois saisissent son âme.

Le système républicain a cela de propre qu'il est destiné à régulariser et à rendre périodiques les crises d'opinion, qui surgissent ailleurs à des distances irrégulières et comme par surprises. Il me semble qu'on l'a considéré comme pouvant, sous ce rapport, permettre *l'économie de certaines révolutions*. Le renouvellement des Assemblées législatives donne à un pays l'occasion de modifier ses tendances législatives. L'élection présidentielle donne à une République, à terme fixe, l'occasion de changer cette partie de sa politique qui tient aux choix et aux tendances des membres de l'administration.

Si sur ces crises régulières vous greffez la possibilité de crises fortuites et intervallaires, que faites-vous, sinon cumuler les causes d'instabilité et retirer de l'organisation du pouvoir tout profit possible des leçons du temps et de l'expérience?

La république n'aspire jamais sans doute à une stabilité de direction absolue, mais elle fait d'autant plus sentir le besoin de certaine stabilité relative[1]. Vous n'avez peut-être économisé, avec une constitution républicaine autrement comprise, les frais d'aucune révolution. Mais vous cumulez les crises républicaines avec les crises des constitutions monarchiques.

On a vu des monarchies entraînées dans la chute des ministères qu'elles avaient trop longtemps soutenus, et ces monarchies avaient leur excuse lorsque sur un terrain mouvant, elles savaient que l'opposition à leur ministère était, au fond, dirigée contre elles-mêmes.

Mais, sauf ces situations exceptionnelles, dans les pays où la monarchie est à l'abri des révolutions, rien n'est plus simple que l'attitude d'un monarque au milieu des crises ministérielles.

Dans une lutte entre les whigs et les torys, qu'est-ce qui empêche le souverain d'Angleterre de tenir la balance avec impartialité et de résoudre sans difficulté, d'après la pondération des suffrages nationaux, les difficultés entre les deux partis en lutte pour la constitution d'un gouvernement et pour la formation d'un cabinet?

Son origine comme son existence ne sont-elles pas dans une sphère supérieure à la lutte des deux partis ?

1. *Fédéraliste*, t. II, p. 391.

Mais voici un président de république qui a été et qui a dû être forcément le candidat d'un parti ! Comment pouvez-vous attendre de lui l'indifférence et l'impassibilité ? Comment voulez-vous qu'il s'isole des hommes qui l'ont porté au pouvoir et soutenu dans les luttes que la possession du pouvoir lui a imposées ? Un souverain n'a jamais de compétiteur dans une monarchie saine et solide. Un président doit, au contraire, en avoir pour le terme prochain de sa réélection. Est-il naturel que l'Assemblée législative lui impose les ministres futurs de son compétiteur ?

L'intelligence la plus vulgaire s'étonnerait de ne pas voir ces différences saisir tous ceux qui réfléchissent, et on doit se demander si c'est en 1849, ou au moment de certaine crise alarmante, en 1877, qu'ont été écrites les paroles de Bastiat proclamant cette fatalité que dans une république *les crises ministérielles aboutissent à des conflits de pouvoir !*

Ainsi, sans le principe salutaire de la séparation des pouvoirs et de la liberté du président de la république dans le choix de ses ministres, une constitution républicaine risque de devenir une machine sans balancier. « La responsabilité ministérielle qui n'a pas pour appui le pivot d'un pouvoir à durée illimitée, le point fixe de l'hérédité, ne produit pas de force utile du moment où elle vient s'ajouter à la responsabilité présidentielle ; elle n'est plus qu'un levier sans point d'appui, qu'une force sans direction [1]. »

Aux yeux des constituants de l'Amérique du Nord, il fallait au pouvoir exécutif une grande latitude d'action pour compenser le poids de la stabilité qui lui appartient dans les monarchies. Ils voulaient une constitution balancée dans laquelle les deux pouvoirs les plus faibles pussent lutter contre le troisième qui deviendrait prédominant. Comment atteindre ce but si l'exécutif dépend d'une des Chambres et de celle surtout auprès de laquelle on trouve la tentation et la possibilité des prétentions à l'omnipotence [2] ?

Un président de république ne s'isole pas, comme un roi, par

---

1. *Moniteur universel* du 14 décembre 1877.

2. « Les Assemblées représentatives du peuple, au lieu d'être électives, la séparation totale de trois pouvoirs législatif, exécutif et judiciaire, et la balance formée dans la législature par trois branches égales et indépendantes, sont peut-être les trois seules découvertes qu'on ait faites dans l'art de constituer un gouvernement libre. » On ne saurait trop méditer ces paroles de John Adams, dans sa *Défense des Constitutions américaines,* t. Ier, p. 3.

l'origine et l'inviolabilité, de la personne de ses ministres ; tout l'en rapproche, et les circonstances peuvent établir entre eux et lui une solidarité véritable. La constitution de Washington a fait la part à la nature et à la loyauté humaines, en n'obligeant pas le président à des concessions qui exigent une force de caractère peu commune et un rare empire sur soi-même. Notre Constitution de 1875 a peut-être involontairement méconnu ces conditions salutaires.

Quelques-uns pensent qu'on a cédé, en écartant le poids de ces considérations, à une faveur un peu aveugle pour un système dont les libertés publiques ont souvent profité, et je le crois. D'autres ont pensé qu'on avait voulu garder dans la république les vestiges de la monarchie. Étrange confusion, s'il s'était seulement agi de cumuler des périls et de faire coïncider des dangers !

Sans vouloir épuiser aujourd'hui ce grand sujet signalé peut-être aux constituants futurs, pour le cas surtout où la durée septennale des pouvoirs présidentiels serait jamais discutée, nous demanderons aux esprits sérieux d'y vouloir bien réfléchir, et de bien examiner si république et parlementarisme ne sont pas les termes opposés d'un dilemme plus que ceux d'une conciliation pratique et légitime !...

E. DE PARIEU.

PARIS. — TYPOGRAPHIE DE A. POUGIN, 13, QUAI VOLTAIRE. — 10990

PARIS. — IMPRIMERIE TYPOGRAPHIQUE DE A. POUGIN, 13, QUAI VOLTAIRE. — 10990.